MÚSCAIL, A GHIORRIA

Do Annie agus John
a choinnigh splanc na Bealtaine beo

Eithne Ní Ghallchobhair

MÚSCAIL, A GHIORRIA

*Múscail, a Ghiorria*

Foilsithe in 2020 ag
ARLEN HOUSE
42 Grange Abbey Road
Baldoyle
Dublin 13
Éire
Fón: 00 353 86 8360236
Ríomhphost: arlenhouse@gmail.com

978–1–85132–240–4, bog

Dáileoirí idirnáisiúnta
SYRACUSE UNIVERSITY PRESS
621 Skytop Road, Suite 110
Syracuse
New York 13244–5290
Fón: 315–443–5534/Facs: 315–443–5545
Ríomhphost: supress@syr.edu

© Eithne Ní Ghallchobhair, 2020

Gach ceart ar cosaint

Clóchur ¦ Arlen House

Saothar ealaíne an chlúdaigh ¦ Seán Ó Brógáin

Tá Arlen House buíoch de
Chlár na Leabhar Gaeilge
agus d'Fhoras na Gaeilge

# I

## Réamhrá

Bhí sin ann agus ní fada ó bhí
giorria a ghlac riocht caillí
ar maidin ghléigheal na Bealtaine Buí.

## II

### AN CHAILLEACH

Ón talamh a fáisceadh í, ón talamh a tháinig sí slán
agus ní thiocfadh leo –
ón tseanóir ba shine
go dtí an béadánaí ba chruinne –
a ráit cárbh as di ná cérbh í a treibh
ach,
fós féin,
tuigeadh gur den talamh í, den úir, den chré,
tuigeadh gur den tsíoraíocht í, nár léi aon ré.
Óir, shúigh sí a saineolas ó phutógaí an domhain,
ó uiscí an locha, na farraige, na habhann.
Shiúil sí na bealtaí agus thrampáil sí na casáin,
threabh sí léi fríd na coillte agus na rosáin
súile s'aici dírithe ar thorthaí an talaimh,
gaosán ar an airdeall ag déanamh bolaidh.
Plandaí agus luibheanna, duilleoga úra –
thochail sí lena méara ar mhaidineacha fuara –
sula bhfaigheadh aon neach póg ón ghrian.

Óch, shúigh an chailleach fuinneamh ón talamh
agus bhronn an talamh cumhacht uirthi.

Bhí teach seascair na caillí ina thearmann
don bhocht, don nocht.
Faoi chreatlacha theach s'aicise
níor leagadh aon locht.
Teach na gcaointe, teach na faoistine,
teach tharraingt anála,
teach na fáilte, teach an fhaoisimh,
teach na slándála.

Bhí teach seascair na caillí
mar bholgam na híocshláinte
don té a bhí náirithe, don té a bhí cáinteach,
don té a bhí briste, don té a bhí brúite,
don fhear a bhí slogtha, don bhean a bhí suaite.

Óir, thuig an chailleach daonnacht,
smaoinigh sí lena croí.

Thuig miantaí an fhir a bhí uaigneach agus garbh,
fágtha leis féin, é binbeach agus searbh.
Thuig meabhair na mná a bhí in ísle brí,
an chéad bhomaite eile, ar buile, ar báiní.

Thuig sí an t-ógánach agus an t-aosach,
thug cluas don staonaire agus don chraosach.
Bhí bá aici don té a ghlac samhnas bídh,
don té a chuir an lá isteach ag diúgadh dí.

Óch, bhí comhbhá ag an chailleach don uile neach bheo,
níor fhág duine riamh í gan dóchas.

Tuigeadh don chailleach craiceann agus cnámha,
fuil agus feoil agus focail amha
agus, thaire sin arís …
thuig sí tréimhsí gealaí agus gréine.
Le hiomlán gealaí ba ise ba thréine …

de mhná uile an domhain mhóir,
de mhná uile Oileán na hÉireann.

Thuig sí na taoidí agus na réalta.
Thuig sí go raibh an uile rud gaolta.
Ba mhór léi na hainmhithe agus na héin.
Chuir na scéaltaí a d'fhoghlaim sí fána ndéin
de ghlanmheabhair –
go huile agus go hiomlán de ghlanmheabhair.

Agus chuaigh na scaiftí fhad léi go síoraí seasta.
Labhair sí le achan duine de ghuth chaoin chneasta.
Chaith sí le achan duine ar an bhealach chéanna
ba chuma cá huair a thuirlingeodh siad
– luath nó déanach –
ach, bíodh sin amhlaidh, tháinig siad i gcónaí
faoi choim na hoíche
agus ar a n-imeacht uaithi b'éadroime a gcroíthe.
Cá bith duairceas intinne a tharraing siad chun tí
bheadh sé sin ar shiúl agus iad ag dul a luí
ina leapacha féin – ar ndóigh.

Agus glacadh leis go coitianta
go raibh an droimdhraíocht aici.
Agus glacadh leis go coitianta
go raibh an dúdhraíocht inti.
Tuigeadh i measc na cosmhuintire
go raibh asarlaíocht ina ceithre cnámha
ó bhonnaí a dhá cois go barrmhéara a lámha.

Agus pingin rua níor tharraing sí –
níor rug an tsaint greim uirthi
riamh.

Agus chuaigh na scaiftí agus na sluaite chuici
nó ba ise an chailleach chríonna
ó chéadanáil Lá Caille go dúlaíocht na bliana.
An t-eolas uilig a bhí aici choinnigh sí faoi rún.
An uile fhocal a dúirt sí bhí sé canta aici go ciúin ...

nó bhí an chailleach ina bean fheasach
ó chnámh go smior go smúsach.
Mhothaigh sí lena súile, lena srón, lena cluasa.

Ní raibh planda a phléasc ceann thar chré
nár aithin sí óna bholadh.
Níor fhág sí an teach riamh
gur phill le ciseog fholamh.
Nó bhailigh sí don bhocht, don nocht,
don té a chaill a bhealach.
Chruinnigh sí do na mná a bhí céasta ag an ghealach.
Thug sí cuidiú d'achan ghliobachán,
achan ghobachán, achan bhodachán,
achan smuilceachán, achan bhriotachán,
achan phlapadán, achan lapadán.

Bhí siad sin ar fad aici ag tabhairt na gcos leo chun tí
iomlán muiníne, iomlán misnigh
aisti
mar chailleach.

*Agus, i gcás ar bith, ní raibh áit ar bith eile acu le dul nó tharla sé seo, an scéal seo ar fad, bhí an scéal seo uilig go léir ag dul ar aghaidh le linn am na spíodóireachta, am an bhéadáin, am an smachta agus am an ansmachta.*

*Ach, ag dul ar ais domh chuig mo chailleachsa ...*

Bhí na seacht luibheanna ba ghile aici,
na seacht luibheanna ba dhuibhe,
na seacht luibheanna ab fhearr,
na seacht luibheanna lán nimhe.

Bhí seacht n-óg an chuibhrinn aici
agus seacht n-óg na coille,
na seacht luibheanna a stróicfeadh
an craiceann féin den ghoile.

Bhí luibheanna an urlacain aice, luibheanna na buinní buí,
luibheanna a d'fhágfadh an té is láidre sínte ina luí
ar feadh naoi n-oíche agus naoi lá
nó ar feadh lae agus bliana.
Óch, ba ise an chailleach, ba ise an chailleach chríonna.

*Bhí sí ina cailleach cheart chríochnaithe agus bhí na luibheanna sin ar fad aici agus fios an dóigh lena n-úsáid idir bhaint agus thriomú agus bhruith agus deireadh. Bhí.*

Bhí seacht rún na gealaí aici
agus seacht rún na gréine
agus dá n-iarrfaí uirthi iad a úsáid
bheadh sí sásta plé le héinne
fiú's an t-amadán ba mhó agus ba mheasa –
fhad is go mbeadh siad ar son a leasa –
ar ndóigh.

*Chuir sí fáilte roimhe siúd chomh maith céanna, chuir! An t-amadán ba mhó agus ba mheasa sna trí paróistí, chuir sí fáilte roimhe.*

Agus, nach raibh luibh Áranna aici
– rinne mé dearmad sin a rá –
í mar luibh chumhachtach do dhearg-ghalar an ghrá.
Agus bhí an t-an-ráchairt ar an luibh sin thar luibh ar bith,
oiread agus duilleog chuirfeadh sé croí marbháin ar crith.
Beodh miantaí, líonfadh corp lán le drúis,
spéaclaí leanna ar an té a d'alpfadh siar é
gan fhios fán chúis.

B'iomaí lánúin a tharraing sí le chéile,
b'iomaí lánúin a scar sí
ach níor tharla a dhath ar bith riamh
i ngan fhios di.
Nó, a chairde Gael, i ndeireadh na dála,
ba ise an chailleach.

Óch! Ba ise an chailleach chríonna.

Cailleach an Eolais, Cailleach na Críonnachta,
Cailleach na Tuisceana, Cailleach an Dáin,
Cailleach Bhéara, Cailleach Leitir Calaidh,
Cailleach an Daingin, Cailleach an Dúin,
an Chailleach Bhreac, an Chailleach Dhubh,
an Chailleach Dhearg, an Chailleach Bhuí,
an Chailleach Íseal, an Chailleach Uasal,
an Chailleach Ceann Faoi.

Cailleach na Féasóige, Cailleach an Chroiméil,
Cailleach na Neascóidí, an Chailleach Rocach,
an Chailleach Ghránna, an Chailleach Shalach,
an Chailleach Rí-Bhrocach.

Cailleach an Airgid, Cailleach na mBocht,
an Chailleach Spíonach,
Cailleach na hÁilleachta, Cailleach an Aoibhnis,
an Chailleach Shí-chríonna.

An Chailleach gan Slacht,
an Chailleach gan Smacht,
an Chailleach gan Racht.
Óch! Ba ise an chailleach!
Nach cinnte gurbh ise an chailleach!

Cailleach na nGlasraí, Cailleach na Feamainne,
Cailleach na dTorthaí,
Cailleach na bPaidreacha, Cailleach na gCantana,
Cailleach na nOrthaí.

Agus bhí siad aici mar orthaí, bhí sin!
Bhí siad ar bharr a goib aici mar orthaí:

Ortha an Fhiabhrais, Ortha na Mná Bige,
Ortha an tSiógaí,
Ortha an Uaignis, Ortha an Chronaithe,
Ortha an Fhir Mhíogaigh,
Ortha an Tinnis Cinn, Ortha na Míofaireachta,
Ortha an Dúramáin,
Ortha na Rua, Ortha na Fola, Ortha na Súile Amháin,
Ortha an Fhiacail, Ortha na nDaitheacha, Ortha na Matán,
Ortha an Leonta, Ortha Sop Séidte, Ortha na mBacán.

Agus … Ortha Seirce agus Síorghrá …
agus …
go sábhála Dia sinn …
Ortha an DUL AMÚ.
Bhí sé sin aici fiú!

Agus níor chuir sí duine ar bith ó dhoras, duine ná deoraí mar a deirim, fiú's an t-amadán ba mhó agus ba mheasa sna trí paróistí, níor chuir. *Agus bhí an scoilt ina béal agus ina beola, an bhearna mhíl seo, an bhearna ghiorria seo, mar chomhartha a críonnachta, mar chomhartha a dé-dhomhandachais, mar chomhartha a himeallachais.*

Agus mhair sí ar an imeall idir dhá shaol
ag titim idir dhá stól, í i gcónaí i mbaol
go dtitfeadh sí,
go bpreabfadh sí,
go dteilgfeadh sí í féin
idir dhá thine na Bealtaine, na Bealtaine Buí.

Chuala a cluasa achan mhonabhar a bhí ráite
ag béadánaí an pharóiste agus a ngaosáin
i gcónaí sáite
i ngnoithe daoine eile,
i ndrochscéaltaí an bhaile:

Cé a bhí meatach?
Cé a bhí reacach?
Cé a bhí bacach?
Cé a bhí ina pheacach?
Cé a bhí bodhar? Cé a bhí balbh?
Cé a chaith an lá ar shlat a dhroma ina chodladh?
Cé a chaill suim ina chéile?
Cé nár bhlais greim dá bhéile?
Cé a mheil an lá ar an idirlíon
ag tuíteáil leis go dúthrachtach, dian?
Cé nár thug leanbh chun tsaoil?
Cé nár mheall fear chuici riamh?

Óch, chuala a cluasa achan mhonabhar a bhí canta
ag béil dhíomhaoine, mhailíseacha, mhantacha,
ag na hamadáin ba mhó agus ba mheasa,
na bómáin ba lú leas, ba mhasla
sna trí paróistí.

Éadromáin is poill orthu!

*Agus bhí sí préamhaithe sa talamh sa dóigh is go sílfeá go raibh ceithre cosa cornaithe istigh fúithi in ionad péire nó beirte nó dhá cheann. Bhí.*

## III

### AN CLAOCHLÚ, AN TATHRÚ

Sheas an chailleach ar an fhéar dhrúchtach.
Bhí aois na caillí brice uirthi ach d'airigh sise cumhachtach
óir bhí an Bhealtaine ag gairm uirthi,
bhí suáilceas ar a croí,
bhí corp s'aici ag neartú agus ghéill sí don tslí
a bhí ina luí,
leagtha amach roimpi agus roimh shliocht a sleachta
ar an lá bheannaithe seo de réir a reachta
ar Lá na Bealtaine Buí,
ag tús an tSamhraidh.

Ní raibh an claochlú faoina stiúir ná faoina toil
ach ba léir di go mbeadh luas sna cnámha inti gan mhoill.
Ní raibh an t-athrú dá deoin
gí gur ag súil leis a bhí sí le bliain,
bhí sí tnáite ag na daitheacha agus leis an phian.

Coradh agus casadh,
síorchoradh, fíorchasadh,
orlach níor bhog an chailleach
ón áit ina raibh sí ina seasamh.
Lúbaigh sí agus luascaigh sí
préamhaithe ar an fhéar,
réalt mhaidin Bhealtaine
ag lonrú go géar.
Séideadh ar shiúl na scamaill
agus ghlan an spéir.
Bhí draíocht le sonrú
go beo beathach san aer
ar Lá na Bealtaine Buí.

Thoisigh an chailleach ag laghdú agus ag tanú
a maolchorp seargtha ag ídiú, ag gannú.
Chrúbaigh a corrógaí, chrom a ceann,
chrapaigh a glúine agus a droim.
A corp cnámhach, crapallach ag sleamhnú go talamh.
Thit a dúchochall go tobann lena taobh go folamh.
D'ardaigh a leicne, spréigh a súile,
chrom a muineál agus a guaille.
Shín cluasa na caillí i dtreo na gréine –
chluinfeadh sí an féar ag fás chomh maith le héinne.

Shúigh craiceann a cinn a folt isteach go cíocrach,
isteach go lár, go sleamhain, go slíoctha.
Agus mhothaigh an chailleach fionnadh tiubh, donn
ag briseadh amach as a cneas gheal, lom –
fionnadh a bhéarfadh foscadh di,
fionnadh a bhéarfadh dídean di,
fionnadh a bhéarfadh teas,
teacht i dtír agus teolacht di.

Clúdaíodh a ceann, clúdaíodh a colainn,
d'airigh an chailleach slán agus folláin.
Clúdaíodh a droim, a bráid, a brollach,
ní bheadh sí feiceálach a thuilleadh,
í go hiomlán i bhfolach.

Ní chonálfadh an fuacht inniu í, maidin seo na draíochta.
Ní chonálfadh ná baol di agus í i lár a ríochta.
Shínigh sí.

Shínigh sí ar bhealach nár shínigh le bliain.
Shínigh sí anois mar ní raibh uirthi srian –
srian docht na bpiantaí i gcnámha na haoise.
Bhí sí anois i mbun agus i mbarr a gaoise.

Bhris fiacla fada, fuara amach as a cár.
Bhrúigh sí a teanga amach as lár.
Phléasc sí a teanga fríd an bhearna mhíl –
í bándearg, fada, feolmhar, caol –
a bhaist mar ghiorria í fríd achan saol,
achan chlaochlú,
achan athrú.
Í á fogairt ina giorria.

D'airigh an chailleach a corp ag neartú
faoi sholas éirí gréine.
D'airigh sí ní ba láidre,
ní ba théagartha, ní ba thréine.
Chroith a srón go gustalach
ar mhaidin an athraithe.
Ghlac anáil dhiamhair dhomhain,
céadanáil an chlaochlaithe.

Agus gí gur athraigh a corp
níor athraigh a hanam ná a croí.
Bhí a spiorad mar a bhí riamh,
lán beochta, lán brí
ar maidin bheannaithe na Bealtaine Buí.

# IV

### An Turas

D'amharc an giorria roimpi go fiáin,
bhí an bealach os a comhair rite, righin.
Súile s'aici ag bogadaigh an uile threo,
bhí sí tógtha, gliondrach, ríméadach, beo.

Ghearr sí coiscéim mhisniúil, mhiotalach
fríd a garraí néata, triopallach
agus ar shiúl léi sna ruimeanna rua reatha,
ar shiúl léi faoina cuid éadaigh catha,
lonracht ina súile mar a bheadh drithleogaí tine,
lean sí casán uasal a cine
ar Lá na Bealtaine Buí.

Ba léir di éanacha nach bhfaca sí le bliain
iad ag ceol in ard a ngutha, spreagtha ag an ghrian.
Éanacha ruballacha ag dul do chluichí rotha san aer
ag titim go plobarnach anuas ón spéir.
Istigh i measc na dtor agus na dtom
d'eitil siad go haclaí, go huasal, go héadrom.

Chuala míoltógaí ag dordán, beachógaí ag crónán,
bholaigh sí an cloigín gorm, an sabhaircín, an feorán.
Chuala síobadh agus siosarnach na coiscrí
agus í ag preabadaigh go guagach fríd na riascaí.
Bhí céadfaí s'aici beo, go hiomlán trí thine,
ba léir di créatúirí na ceathairchruinne.
Chuala sí an fhuiseog agus an spideog,
an riabhóg, an ghlasóg, an bhuíóg, an druideog.
Chuala sí an préachán agus an lon dubh
agus scaoil sí a maidí go hiomlán le sruth.

Rith sí fríd na réitigh, na tulacha, na feaga,
na carraigeacha, na túrtógaí, na caisil agus na creaga.
Dá mba ann di, bhéarfadh sí ar ghaoth rua na Márta
nó bhí luas sna cnámha aici thar na bearta.

Ba léir di achan ainmhí ag dul de réir a ghnáis
ach ag an ghiorria, ag an ghiorria, bhí rith an ráis
ar an Bhealtaine, ar an Bhealtaine,
ar an Bhealtaine Bhuí.

D'ól sí bolgam drúchta
agus líon an draíocht a cuisle.
Phreab sí agus léim sí
agus rith sí gan tuisle
gur tháinig sí fhad le coill na gcufróg,
na ndriseog, na bhfearnóg, na saileog, na bhfuinseog,
gur theith sí fríd phlandaí na mbachlóg, na seamróg,
na neantóg, na gcopóg, na spíonóg, na seamsóg.

Bhí a hanam bíogtha agus ar lasadh.
Mhothaigh sí ní ba mheidhrí leis an uile chasadh
a thug sí uirthi féin
agus í in ard a réim'
mar ghiorria, mar ghiorria,
mar ghiorria na Bealtaine Buí.

Ar shiúl leis an ghiorria ar leathadh ladhrach
fríd na goirt ar an talamh fhéarach.
Fionnadh a cinn ina cholgsheasamh,
a héadan, a baithis, faoi fhothain, faoi fhoscadh.

Mhothaigh sí na cuileogaí
agus na feithidí
agus ba mhór an t-iontas di
nó níor shonraigh sí a leithéidí
le leathlá agus bliain.

Ar shiúl léi go fuinniúil
fríd na coillte coill
ag léimt thar liosanna,
thar thóchair, thar phoill.

Óch, mo Bhealtaine, mo Bhealtaine, mo Bhealtaine Bhuí.

# V

## An Tochmharc

'Dúirt bean liom go ndúirt bean léi ...'
arsa bean le bean eile agus iad ag cúlchaint ar an tsráid
agus tharla go raibh an giorria ag dul thar bráid.

*Maith mar a tharla!*

Bhí, ag an ghiorria, seal feithimh agus ciúinis.
Shuigh sí léi ag déanamh a suaimhnis.

'Ghlac Mír seilbh ar Bhrú na Bóinne
ó Ealcmhar uasal ghlac sé seilbh coróine.
Bhí Mír, mar bhunús na ríthe, ag cuartú mná,
chuir forrán ar a ghiolla, Aengus,
agus d'inis dó faoin ghá, faoin chrá
a bhain le heaspa mná
a bheith ina leabaidh uaigneach
agus é i mbun agus i mbarr a shláinte
agus a tháinte.

Seoladh Aengus go hUlaidh ar mhaithe le Mír
ar lorg Éadaoine, bean scéimhiúil a bhí saor.
Chuir athair Éadaoine Aengus faoi gheasa
mar gheall ar Mhír dhrochmheasach.
Ach ba chuma sa tsioc dhearg fán athair
nó phós Mír Éadaoin –
an ardbhean snasta, stráiciúil, chaoin.

Ghlac Fuamnach, iarbhean Mhíre fuath
d'Éadaoin ghormroscach, ghealghruach.
Rinne sí lochán uisce den spéirbhean gan smál
ach nár thriomaigh an lochán agus d'éirigh mar ghal.
Iompaíodh Éadaoin ina cuileog chrónchorcra,
bhí sí chóir a bheith dofheicthe agus í chomh dorcha.

Bhí Éadaoin i gcónaí sna sála ag Mír –
ó dheas, ó thuaidh, thoir agus thiar.
Cumadh amhráin fá Mhír agus ceapadh rannta
fán dóigh go ndeachaigh Éadaoin ina theannta.

Ach, mo léan! Nach bhfuair Fuamnach puth an fhocail
agus shocraigh go ndéanfadh sí tuilleadh dochair.
Chuir sí scairt ar an ghaoth a theacht
go ligfeadh sí amach a racht,
go gcuirfeadh sí an ruaig bhuan ar Éadaoin –
an ainnir aigeanta, dhílis, chaoin.

Seacht mbliana glan a chaith an chuileog ar an daoraí
ag súil i gcónaí go scaoilfí saor í
ón chlaochú a rinneadh mar gheall ar éad.
Iarmhná céile – nach binbeach iad!'

'Óch, nach dtuigim go maith! Ná labhair liom fúthu!
Tá ceann ag m'fhearsa gur mhaith liomsa a phlúchadh,
gur mhaith liom a mhúchadh.'

'Sea ... sea ... ach i gcás ar bith ...
ag pilleadh ar mo scéalsa ...

Nuair a bhí na seacht mbliana sin istigh
scairt Fuamnach ar an ghaoth arís.
Cuireadh síneadh le conradh Éadaoine
mar chuileog chorcra,
thaistil sí fríd an tír ó Bhaile Bhuirne
go 'na Beanna Boirche.

Ó ghleann go gleann, ó ísleán go hardán
d'eitil an chuileog agus í ar seachrán
gur thuirling isteach i gcuach óir
bhean Chonchúir Mhic Neasa – Éadair.

D'ól sise bolgam amach as an chuach.
Shlog siar an chuileog rud a d'fhág go raibh sí ag súil!
Naoi mí go dtí an lá ní ba mhoille
rugadh Éadaoin arís go dea-thoileach.

Óch, móradh í agus moladh í!
Óch, ardaíodh í agus ceoladh í!

Chaith sí míle agus a dó bliain
i gcruth cuileoige – nach raibh sin dian!

Agus nuair a chuala Conchúr Mac Neasa an scéal gruamach
caitheadh an cloigeann de …
FUAMNACH.

Chuaigh siadsan an t-áth,
mise an clochán,
bádh iadsan
agus tháinig mise.'

'Nach raibh sé tuillte go maith aici!
An striapach shuarach, scifleogach,
stranfhiaclach, streachlánach.
Go réaba galar tógálach a tóin gan mhaith.'

'Tá sé ráite anois agat!'
'Tá!'
'Tá!'

Bhí a seacht sáith agus tuilleadh cluinste ag an ghiorria,
ar shiúl de ruathar leis sna rí-ruimeanna.

Óch, an claochlú, an claochlú, an claochú groí
ar an Bhealtaine, ar an Bhealtaine, ar an Bhealtaine Bhuí.

## VI

### Rúid, Rúid Eile
### A hAon, a Dó

Mhothaigh an giorria glaise an drúchta faoina spága
smeadráilte ar an fhéar agus ar na feaga.
Mhothaigh sí an draíocht chun sonais agus solais,
bhí sí sóch, sítheach i bhfios agus i bhforas.

Agus mhothaigh sí na focail ag borradh ina croí
'Come all, come all, come all to me.
Tar chugamsa, tar chugamsa,
tar deireadh fhad liom féin.'

Phléasc na focail amach ina mbrúcht
agus ina hintinn, ina haigne bhailigh sise drúcht
nó inniu Lá Bealtaine, Lá na Bealtaine Buí.

Bhuail fuinneamh osnádurtha an giorria
nuair a tháinig sí fhad le cabhsa.
D'ardaigh sí a glúine
agus thoisigh ar choiscéim damhsa.

Luascaigh sí agus lúbaigh sí,
ag cromadh agus ag coradh,
misneach s'aici ag ardú,
meanmnach ag borradh.
Rabharta mór ceoil is rince,
bhog sí go ragairneach,
go rithimeach, go tintreach.

Dhamhsaigh sí dithe féin
agus dhamhsaigh sí dá sliocht
a thóg an casán céanna
orthu féin i riocht
úrnua ar an lá seo an uile bhliain
gan aon srian.

Dhamhsaigh sí do na cailleacha,
an lucht sí agus na draoithe.
Dhamhsaigh sí do na luchramáin, na ridirí
agus na saoithe.
Dhamhsaigh sí léi idir anam agus chorp.
Dhamhsaigh sí léi gan staonadh gan stop.

Í lán le fuinneamh, lán le fuadar,
dhamhsaigh sí léi féin gan chomhluadar
faoi fhlustar,
gan chuspóir
ach amháin ...

Gáire a thabhairt do na créatúirí cré
a nochtaigh ceann thar thalamh.
Mhúscail sí na hainmhithe
a bhí fós ina gcodladh
lena lúfaireacht, lena haigeantacht,
lena rince chothrom, spraíúil,
bhog sí léi go siamsúil, go suairc agus go caoithiúil.
Dhamhsaigh sí léi mar a bheadh duine ag rámhailligh
óir bhí aici ina croí go fóill cuimhní na caillí.

Dhamhsaigh sí go haerach agus rinne sí a ceiliúradh.
Bhí saol na saoirse aici, saol gan bhuaireamh.
Thóg sí achan chnámh a mhair go tréan inti,
suas agus síos lena colpacha sna glinntí.

Aniar agus siar léi, anonn agus anall,
bheadh neart ama aici lena scíste a ligint ar ball.
Ach inniu Lá na Bealtaine, Lá na Bealtaine Buí
bheadh ruaille buaille aici lena rince ghroí.

Rinne an giorria a mhór dena hathbhreith lae
a stuaim ar shiúl, a ciall ar strae.
Ní bheadh ceol na mná sí le cluinstean aici tráthnóna
ná caint na mbéadán cáidheach, brónach.
Ní eitleodh aon spideog fríd fhuinneog i gcisteanach.
Ní chluinfeadh sí trí chnag ar an doras isteach.

Óch, mhairfeadh sise beo ar fad.

Dhamhsaigh sí léi gan stop gan stad
gur shocraigh sí éirí as mar rince
agus ar shiúl léi i dtreo na nglinnte.

Chroith a srón, chroch a cuid cluas,
d'imigh sí léi béal a cinn fá luas.

Chonaic sí teach a raibh splanc ann.
Chuala sí teach a raibh ceol ann.
Mhothaigh sí teach a raibh scaifte ann.
Seo an teach a mbeadh scéal ann.

Shuigh an giorria go ndéanfadh sí a scíste,
chuir uirthi cluas le héisteacht.

## VII

OIDHE CHLAINNE LIR
AN TRAGÓID CHOITIANTA

'Bhí sin ann agus is fada ó bhí,
dá mbeinn ann an uair sin
ní bheinnse anseo anois
agus dá mbeinn féin
ba chríon liath an scéalaí mé.
Bíodh scéal úr agam nó seanscéal,
chumfainn féin scéal
sula mbeinn gan aon scéal ...

Toghadh Bábh ar na Tuatha Dé Danann mar thaoiseach
ach dhiúltaigh Lear glacadh le Bábh mar shaoisteach.
Bhí na Tuatha Dé Danann anois i réim,
in Éirinn ba iadsan ab airde céim.

Chun Lear a cheansú le linn na féile
thairg an stail seo, Bábh, a níon dó mar chéile.
Éabha an t-ainm a bhí ar an bhean
ach níor insíodh dithe riamh faoin phlean.
Pósadh an bheirt agus thit siad i ngrá –
mar phósadh cleamhnais nach orthu a bhí an t-ádh?

Ní raibh na blianta i bhfad ag sleamhnú siar,
rugadh ceathrar clainne d'Éabha agus do Lear –
Fionnuala, Aodh, Conn agus Fiachra –
tógadh iad go grámhar, díochrach.

Ba bhean í Éabha a raibh grá docht daingean
aici do Lear agus dá leanbáin.
Cúpla a bhí i bhFiachra agus Conn,
comóradh a mbreitheanna le hiontas agus le fonn.

Ach go luath i ndiaidh daofa a theacht chun tsaoil
bhuail fiabhras Éabha – bhí a beatha i mbaol.
Rinne Lear a dhícheall chun í a shlánú
ach d'fhan sí ina luí ag meath agus ag tanú
go dtí gur cailleadh í – éag le hadhairt!
Agus b'éigean do Lear a bás a fhógairt.

Thit néal an bhróin ar an ríocht ar feadh tamaill
ach de réir a chéile d'éirigh na scamaill.
Rinneadh iarracht bean eile a aimsiú do Lear
sa dúiche,
ceann chomh maith leis an cheann a bhí aige
ní ba luaithe.
Ach sháraigh sé orthu!
Teip!

Mar sin …
Thairg Bábh níon eile do Lear mar Aoife –
bean ghlic, uaillmhianach, leithleasach, dhíobhach.
Bhí sí ard agus staidiúil le folt fada rua
agus an teanga a bhí aici bhí sé inchurtha le tua.

A gheall ar Dhia, ghearrfadh a teanga sceach!
Í colgach, confach, cantalach, díoltasach.

I gcás ar bith, pósadh an dís –
eisean ar nós cuma liom, ise ar bís.
Bhog sí isteach leis an chlann
ach ar Aoife tháir ba bheag an beann.

Ní raibh sí cineálta ina cuid fialais,
bhí éadmhar, cruachroíoch agus mídhílis.
A leithéid de sheanscéal agus meirg!
Tháinig éad ar Aoife – bhí sí le ceangal le fearg
óir bhí an mhuirín ag teacht idir Lear agus í féin.
Níor thug seisean seo fá dear – bhí sé fós i bpéin
faoi thinneas agus bhás a chéadmhná.
Bhí sé idir dhá cheann an chrá.

An fear bocht, an créatúr.
Óch! Bhí sé gan dóigh!

D'ordaigh Aoife dá cuid searbhóntaí na páistí a mharú.
Tá mé á rá leat – ní thig éad leasmháthar a shárú.
Dhiúltaigh na searbhóntaí a bheith bainteach
leis an bheart.
Nach acusan uilig a bhí an ceart!

Mheall Aoife na páistí fhad le Loch Dairbheach.
Ar philleadh chun tí di bhí sí tógtha, caithréimeach
nó chlaochlaigh sí na páistí ina gceithre eala,
chaithfeadh siad trí chéad bliain ar Loch Dairbheach,
trí chéad bliain ar Shruth na Maoile
gan acu mar chuideachta ach ceol na bhfaoile.

Trí chéad eile ar Inis Gluaire
in Iarthar Mhaigh Eo, an áit is fuaire
agus an áit is fliche in Iarthar na hÉireann –
ná bíodh an dubh ina bhán againn.

Nuair a thug Lear fá dear go raibh na páistí ar iarraidh
chuaigh sé as a mheabhair, glan ar mire.
Chuir seisean Aoife í féin faoi dhraíocht.
Díbríodh ar shiúl í amach as an ríocht
le bheith ina deamhan go deo na ndeor –
rud a bhí tuillte ag an bhitseach chorr
i ndiaidh a ndearna sí ar an mhuirín bhocht.
Naoi gcéad bliain le caitheamh acu sna huiscí
ab ísle teocht!
Óch! Na mná, na mná, na mná.'

Stad an seanchaí agus ghlac sos sa scéal
bhí tart damantach i ndiaidh a theacht ar a bhéal.

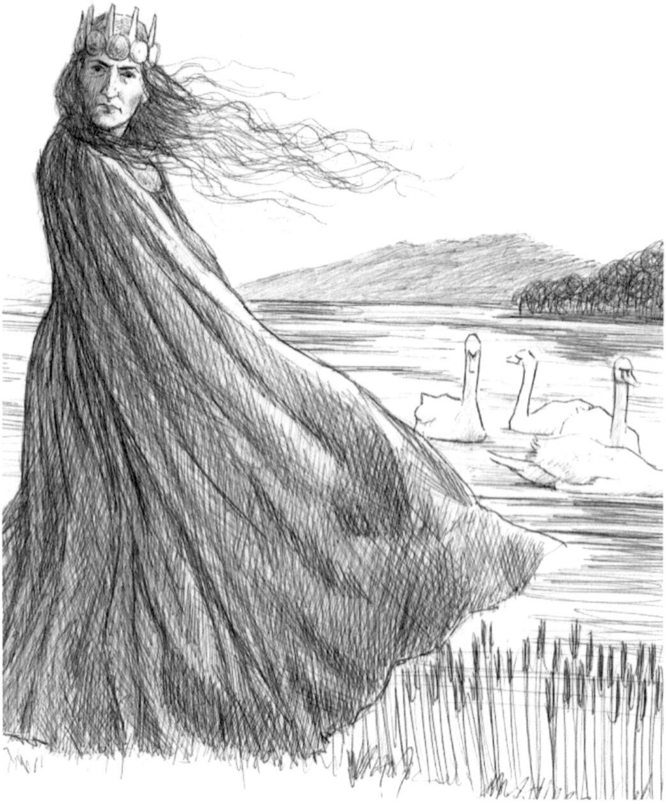

'Go gcaca na préacháin
ar a cuid gruaige fada rua!'

'Go dtachta na míolta crúbacha
a teanga mar thua.'

'Go raibh snaidhm ar a bundún uirthi,
an réicilín ribeach.'

'Tochas Bhantracht an Fháidh uirthi
agus an Galar Plobach!'

Níor chuir an seanchaí sonrú i mallachtaí na mailíse.
Thiontaigh in athuair ar cheird na haithrise.

'Chuir na healaí am cruaidh isteach
i ndiaidh a bheith claochlaithe go crot aisteach.
Cheol siad leo ó mhaidin go hoíche
ach d'fhan gar dá chéile, níor scar siad choíche.

Fionnuala, an níon, ag tabhairt aire
í i gcónaí ar an airdeall, i dtólamh á bhfaire
go dtí aon lá amháin tháinig Mochaomhóg
go hInis Gluaire
chuala sé na healaí ag ceol
in airde a nglórtha.

D'inis sé scéal Bheatha Chríost daofa
bhí an boc seo – Mochaomhóg – ina fhear iontach naofa.
Nuair a mhothaigh na healaí cloigíní eaglaise ag bualadh
thoisigh na geasa a bhí orthu ag scaoileadh.

D'athraigh siad ar ais ina ndaoine daonna
ach ní raibh faic na ngrást mar an gcéanna
seachas a n-anamacha agus a gcroíthe
nó bhí achan rud eile go hiomlán claochlaithe.'

'Maise, go raibh saol fada acu agus bás in Éirinn!'

'Tá súil agam go bhfuil siad in áit níos tirime agus níos teo … ná Maigh Eo.'

'Bí geall go bhfuil!
Thig a bheith iomlán cinnte go bhfuil.'

Bhí go leor cluinste ag an ghiorria agus ar shiúl léi de ruathar ar an Bhealtaine, ar an Bhealtaine, ar an Bhealtaine Bhuí.

# VIII

## Ceiliúradh agus Comóradh

Thóg an giorria na sála léi,
d'imigh le poirtín feadaíola.
Go héadrom, aigeanta, aerach, groí,
sheol sí léi ina séideán sí
ag baint bogcheoil amach as portaigh,
ag baint suancheoil amach as bogaigh.
Bhí tormán a crúb le sonrú ar fud na dúiche,
í ag preabadaigh ar thailte méithe na tuaithe.
Fríd an domasach, fríd an abar,
isteach sa chaonach, thar an chlábar.

Shonraigh sí páistí amuigh fá shodar
ag dul ó bhothóg go bothóg ba mhór a bhfuadar
lena mbataí, faoina hataí, lena ngéaga draighin,
bhog siad go diongbháilte ina mbuíon
le bábógaí na Bealtaine,
bábógaí beannaithe na Bealtaine
fáiscthe ina mbaclainn
go docht, daingean.

Bheannaigh an giorria daofa ach ní fhaca siadsan í.
Bheannaigh sí go diaga.
Bheannaigh sí go ríoga.
Bheannaigh sí go siógach
ach ní fhaca siad í ...
ar an Bhealtaine, ar an Bhealtaine,
ar an Bhealtaine Bhuí.

Chonaic sí céadtinte maidine,
drithleogaí deireadh lae.
Chonaic mná ag bualadh cuinneoige
go rithimeach, go réidh.
'Tar chugam, tar chugam' – d'éirigh an glao,
'Inniu Lá na Bealtaine Buí!'

Bhí anam na caillí
go ríbheathach inti.

Casadh na súgáin trí huaire tuathal
le dul faoi na gréine
ar bhigil na Bealtaine
ag na mná méineach'.

Tharraing siad fríd an drúcht iad
roimh uair an chlaochlaithe
chun iad féin a chosaint
agus torthaí a saothraithe.

'Tar chugam, tar chugam, tar deireadh chugamsa.'

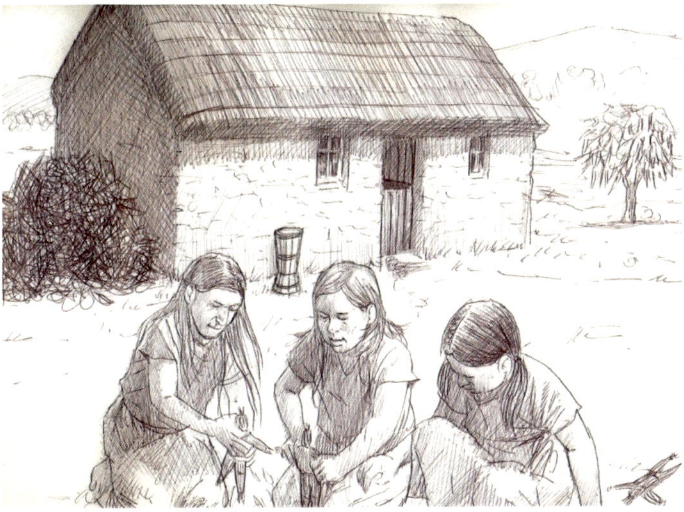

Chaith an giorria drochshúil
ar na mná a bhí ag maistreadh.
Ní bheadh tairbhe ar bith tráthnóna
lena sluaistriú.
Chaoch súil orthu i nganfhios
agus rinne draothadh gáire
go magúil, go scigiúil,
gan niachas, gan náire.

Chonaic diúlach fir
a ceann faoi go leannúsach.
Chaoch an giorria súil air
go tuisceanach, sómasach.

Tháinig sí fhad le bothóg bheag,
lig scread sceonúil aisti.
Múchadh na dartáin
agus na fóid mhóna sna teallaigh.

Siamsa na Bealtaine! Dhéanfadh an giorria maidin rua di.
'Tar chugam, tar chugam, bíodh deireadh agamsa.'

Chonaic déagóirí réabhlóideacha agus iad ag bláthú
gan orthu cíos, ná cás ná cathú.
Ag tónachán thart ag iarraidh an mhaidin a mheilt,
bheannaigh an giorria daofa agus í faoi cheilt.

Chonaic gasúr catach, ropánta, deargphlucach
ag sciorradh, ag sleamhnú i sciobóil na muclach.
Chonaic gleoiteog mná ina luí faoi thoirchim suain
ag srannfaíl agus ag osnaíl léi go ciúin.

Chonaic bean óg rua ag pilleadh ón tsliabh
í ina haonar mar a bhí riamh …
Ar an lá seo, ar an lá seo, ar an Bhealtaine Bhuí.

Chonaic fear ag cnámhairt
ar mheacan dhearg,
rian a choda air,
é ag smaoineamh ar a mharóg.

Ag clamhsán leis
agus ag cnáimhseáil –
is cinnte go mba dhoiligh
eisean a láimhseáil.

A bhricfeasta fiuchta
ar an tábla gan bhlaiseadh
i dteach gan chuinneog,
gan bhláthanna, gan mhaisiú.

Nuair a chruann an tslat is deacair í a shníomh ina gad.

Chuala lánúin ag cíoradh a chéile ag crosaire
ise róghiorraisc agus eisean róghairge.
An bheirt acu chomh cráite le scadán rósta,
sheas siad ar an tsráid, céasta agus pósta.

Bhí siad chomh fada ó chéile is atá scéalta ó amhráin.
Bhí siad chomh fada ó chéile is atá gliomaigh ó phortáin.
Sin is uilig, aithníonn rón rón eile
bíodh siad tógtha taobh le taobh nó i bhfad óna chéile.

Ba léir don ghiorria an t-easchairdeas á chothú.
Thiocfadh léise an teannas a mhothú.

Stad agus stánaigh.

Léim balcaire fir os comhair na mná go cosantach
*agus chomh cinnte agus atá pus ar asal*
chiceáil sí sna clocha é go trodach, brosánta.

Chrom an bheirt ar dhrugaí – babhla bainne beirte.
Bhí siad i searc agus i bhfíor-shíorghrá.

Chuala na fidléirí, na drumadóirí, na píobairí,
dís ag scairtigh ag tobar goirt domasaí
ag iarraidh a theacht ar ainmneacha rúin a gcroíthe
ó na saoithe, ó na draoithe
a mhair san fhíoruisce:

Cailín cróga, calma
ag diúl linbh go máithriúil, mánla.

Creatlach mná uaigní
ag fágáil céile, clainne is cúraimí.

Chúb agus bhog croí an ghiorria.
Mhair cuimhní na caillí ina haigne.

Bhí na cuinneogaí nite idir dhá shealbhán,
an té a leagfadh corrmhéar orthu bheadh sé fágtha
ina bhalbhán.
Brúdh béil na gcuinneog i dtreo an dorais leis an bhigil.
Fágadh na tinte gan fadú, gan choigeal.
Cuimlíodh achan chuinneog le huisce coisricthe,
nite taobh istigh, iad sciúrtha, loiscthe.
Ceirteacha fada bána sínte ar na sceacha,
chonaic an giorria iad agus í ag dul tharstu
... de rúid rua reatha.

Coiligh ag scolfairt, géanna ag beadaíl,
turcaithe ag báirseacht, lacha ag grágaíl,
géimneach bó agus búirthí gamhna,
ní raibh a leithéidí cluinste ó Oíche Shamhna.

Scaip seitreach ardghlórach leanúnach an asail
fríd na liosanna, na ráthanna, na caisil.
A mhong fhada ghioblach donn le cnádáin
á tharraingt ag a mháistreás ar ghreim grágáin.

Agus choinnigh an láir a capaillín lena taobh
agus d'fhan na caoirigh mar thréad ar an tsliabh.

Gé ag scairtigh ar an airdeall,
d'fhreagair éiníní agus bardal.

Gabhar glasliath ar cosa in airde
uilig leis féin, gan chlann, gan chairde.

Fámaire de choinín ag útamáil sa chál
ag amharc go gliondrach ar a raibh ar fáil.

Luscán locha faoi chopóg go soineanta
ag fanacht go foighdeach le tús na doininne
ar an Bhealtaine, ar an Bhealtaine, ar an Bhealtaine Bhuí.

D'amharc an giorria ar na cearca agus ar an choileach,
chonaic sí an lus ceathairdhuilleach
á chogaint acu.

Scaip na cearca fá ghéarluas, thóg an coileach
a chuid sciathán,
ag úrthús na maidine deirge faoi ruithean.
Lig an coileach scréachaíl síoraí as, glao fada fiáin
a mhúsclódh an diabhal agus laochra na Féinn'
as a sámhnéal codlata.
Óch, b'eisean an boc colgach
lena ghlao a mhúsclódh muintir na dtrí paróistí
ina raibh an t-amadán ba mhó agus ba mheasa fá chónaí.

Bhí sé, an coileach seo, ina gharda i mbun a chró.
Bhí sé, an coileach seo, ina chosantóir i mbun a ghnó.

Mhair na madaidh oibre ag tafann,
na cait ag crónán,
bhí eagla a chraicinn
ar achan donán.
Ach bhí sise cosanta, mar ghiorria,
ar an lá seo amháin.
Bhain stádas agus gradam léi
inniu amháin.
Ar shiúl léi
ar an Bhealtaine, ar an Bhealtaine, ar an Bhealtaine Bhuí.

## IX

### AN TÓIR

*Agus leis an fhuinneamh a bhí sa ghiorria faoin am seo thabharfadh sí na seacht gcnoc, na seacht gcathair agus na seacht gcaiseal slán – ach iad a bheith ann, ar ndóigh. Nó tuigeadh don ghiorria go tobann go raibh an chonairt ina diaidh. Ní raibh tráth suí ná seasaimh ann. Tháinig go gleann.*

Ar shiúl de phocléim agus thóg sí luas,
teas bruithneach na maidine ag doirteadh anuas.
D'éalaigh sí de ruathar agus de rúscadh,
ceithre spága ag preabadh ar an talamh.

Scaip soir siar go gasta, caithréimeach,
chuirfeadh sí obair ar an chonairt lena bealach achrannach.
Stad mara ná mórchónaí ní dhearna sí, ní dhearna –
go dtáinig go feirm pholltach, bhearnach.

Mhothaigh sí boladh fhuil na mba
agus í ag léimnigh thar an ráth.
Doirteadh ar an talamh í
mar chosaint ar mhí-ádh.
Mhothaigh sí boladh an bhainne
agus í ag dul thar thairseach tí.
Doirteadh ar an tairseach é
ar mhaithe le cosaint caillí.
Mhothaigh sí boladh an bhainne
agus í ag dul thar an bhóitheach.
Níon feirmeora a chaith amach é
ionas nach ngoidfí bainne ó shoitheach.

Agus bhí bratacha den uile dhath
crochta ar na crainn
ag séideadh leo,
iad ar foluain.
Bláthanna ar leaca fuinneoige,
draighean thar dhoirse sciobóil,
plandaí agus luibheanna
sáite i mbuidéil.

Ní thiocfadh na siógaí isteach i dteach dá bhfaigheadh siad
boladh luibhe –
macalla seanda na healaíne duibhe.
Bheadh siad chomh tinn le madaidh
ag urlacan agus ag orlaí.
Bheadh sin, na siógaí.

Suas leis an ghiorria an bealach cnapánach,
an casán cúng, casta, achrannach.
Chuala sí gáir gharbh ón chnoc
agus ba léir di anois go raibh sí i bponc.

Scuab leoithne gaoithe thar a gualainn
agus í ina rith fríd na málainn.

Dhlúthaigh an drúcht.
Bheoigh a cumhacht.

Leathmhíle de ruathar fríd an bhogach,
níor bheag sin in aimsir chatha.
Shleamhnaigh agus sciorr síos le sleasa,
cos luath, cos tapaidh, i bhfolach san fhásach.

Chaith an chonairt féar san aer
ag rith leo go fíochmhar.
Bhí boladh fola rompu
agus bhí siad spreagtha agus bríomhar.
Fuil agus feoil
réidh le réabadh ó chnámha.
Scoiltfeadh agus stróicfeadh siad
duáin agus scamhóga.

B'shin an mhian a mhair iontu.
B'shin mian a ndúile, a ndúchais.
B'shin a bpór –
an fhuil acu mar ábhar dóchais.
Agus bhí siad ardaithe,
ríméadach, soilseach, tógtha,
feargtha, deargtha,
misniúil, cróga.

Ar shiúl leo de threasruathar
agus iad lán le lúcháir
na géarleanúna.

Bhí an lá seo acu mar bhuaic, mar bháire na bliana.
Ag dul don tseilg fola a bhí siad leis na cianta.

Lean siad orthu ag trasnú na gcoillte
ag dréim go mór lena nduais fhuilteach.
Fir na ngunnaí a bhí á spreagadh,
boladh an ghiorria acu, iad réidh lena cnagadh.
Scaoil an chonairt leo go fadachéimneach, fíochmhar,
na fiacla á nochtadh acu go diabhalta, míofar
ag briseadh na ladhar i ndiaidh an ghiorria
ar maidin na Bealtaine Buí.

Léim an giorria, chas an giorria,
phreab sí agus chrúbaigh.
D'ísligh an giorria, d'éirigh an giorria,
chrom sí agus lúbaigh
go dúdheifreach fríd pháirceanna,
fríd chuibhrinn mhaola,
gan fosgadh, gan chosaint
ar chasáin chúnga, chaola.

Agus bhí sí go díreach ag briseadh fríd gheafta iarainn
agus í ar a bealach isteach go caorthainn
nuair a buaileadh í, nuair a cnagadh í le piléar
cóngarach dá súil.
Baineadh stad aisti agus b'éigean dithe siúl
gur stad sí!
Óch, an phian! Óch, an t-anó!
Lig sí scread sceonúil aisti le hanró.

Thoisigh an fhuil ag teacht ina slaoda,
a corp ciaptha, a súile braonach.
Ba léir dithe féin go raibh sí ar bharr amháin creatha
ar ghualainn sléibhe i mbaol a beatha.

Ach gí go raibh sí leointe léi féin sa cheo
chinnigh an giorria seo go mairfeadh sí beo.
Throidfeadh sí cath ar son chearta a cine,
shocraigh sí nach mbeadh aon chath ní ba bhinne
ná cath in aghaidh na conairte,
in éadan fhir na seilge.

D'imigh le bearnais agus le beanna
chomh gasta agus a mhair inti go hísealmheanmnach.
Ba léir a fuadar agus a fuinneamh ag trá –
saol an ghiorria ag titim idir dhá mheá.

Téann focal le gaoth ach téann piléar le cnámh.

Rinne na madaidh í a bholadh ag an gheafta iarainn.
D'éirigh a nglam agus tharraing ar an chaorthainn.
Chuir a dtormán fir na ngunnaí ar an airdeall sna glinntí.
Tháinig siad fhad leis na madaidh agus lean siad maraon í –
an giorria.
Madaidh ar greadadh.
Fir ag cneadadh.

Fuirseadh na gcon agus fairseadh lucht na seilge,
saol an ghiorria i mbaol – an seanscéal meirgeach.
Bhí siadsan ar caor thine, ar mire ar fad.
Thuig an giorria nach dtiocfadh léi stad.

Lean sí uirthi, í gortaithe, leointe
fríd na mínte agus fríd na móinte.
Chroch sí léi go luaineach, lachtach
gí go raibh sí gortaithe, créachtach.

Ach thuig sí anois, an giorria,
go raibh sí ag tarraingt ar a teach.
Agus thuig sí anois, an giorria,
dá mbainfeadh sí a nead amach
go mbeadh sí i gceart,
go ndéanfadh sí an beart.

Agus gí gur mhothaigh sí a corp ag feo
tharraing sí ar a neart agus ar shiúl léi go beo.
Rith sí agus rith sí le achan orlach dá croí.
Rith sí leis an fhuinneamh a bhí fágtha inti.

Isteach léi fríd oscailt fuinneoige
gur thuirling ar chlár adhmaid cuinneoige,
ó sin go hurlár i gcaochadh súl.
Ó ghlasmhaidin níor chuir sí cos i dtruaill.
Óch! Bhí sí sáraithe! Bhí sí ciaptha, caite,
tuirseach, traochta, iomlán trochailte.

Ghlacfá snámh leis an tuile
murar mhaith leat tú féin a bhá.

Síos léi go dtí an tine mhóna
go tromchroíoch, brúite, briste, brónach.
Bhí a seal mar ghiorria ar shéala a bheith istigh
agus d'airigh sí an t-athrú ag teacht uirthi.
Ba ghairid uaithi anois í, uain na seirge,
bheadh bliain eile roimpi mar sheanbhean mheirgeach.

## X

### An tAthrú, An Claochlú

Thoisigh an giorria ag méadú, ag borradh,
a corp óg aclaí ag athrú agus ag coradh.
D'ardaigh a corrógaí agus a ceann,
shín a glúine agus a droim.
A corp éadrom, aigeanta ag éirí go mall ón talamh,
a ruball ag imeacht, ag dul i bhfolach.
D'ísligh a leicne, dhruid isteach a súile,
leathnaigh a muineál agus a guaille.
Shúigh craiceann a coirp a fionnadh isteach go cíocrach.
Bhí sí fágtha lom, a cneas go sleamhain, slíoctha.

D'fhág sí a beannacht ag an fhionnadh
a thug foscadh is dídean di.
Thug a buíochas don fhionnadh
a thug teas agus teacht i dtír di.

Thoisigh an dorchadas sa teach ag dlúthú,
an loinnir i súile na caillí ag múchadh.
D'airigh sí díoscán cnámh agus giorrú anála.
Shuigh sí léi go foighdeach, mánla.

Mhothaigh sí gearrfhuacht i lár an tí
agus í suite os comhair na tine lán deataigh
– í ceanntarnocht, costarnocht, lomnocht.
Chornaigh sí thart uirthi cochall agus brat.

Shuigh sí ansin, préata gan phréamh,
gan chearc, gan chlann, gan teaghlach, gan treibh.
Agus tharraing sí chuici féin achan chuimhne
a bhí aici le linn na maidine doimhne ...
ar an Bhealtaine, ar an Bhealtaine, ar an Bhealtaine Bhuí.

Réab amhastrach na madadh go fíochmhar, fiáin
fríd an tír go hard agus righin.
Bhí fonn fola agus feola orthu,
a ndúil sa tseilg ag méadú agus ag borradh.
Agus iad ag treabhadh agus ag fuirseadh sa tóir
gheobhadh siad a ndeor.

Scaip siad mar bhuíon
ag iarraidh luíochán a bheartú.
Bhí siad ar mire ar fad,
a ndúil san fhuil ag neartú.
Rith siad leo timpeall an tí,
deargtha, tógtha, tintrí.

Ní raibh i bhfad ann gur tháinig lucht na ngunnaí.
Chuala siad na madaidh agus lean a mbonnaí –
á moladh agus á ngríosú
á mbroslú agus á gcraosú.

D'éirigh an trup agus an callán.
D'fhan an chailleach ina suí ina balbhán.

Bhuail siad agus bhatráil siad
agus chnag siad ar an chomhla.
An raic a thóg siad
mhúsclódh an saol Fodhlach.
Ghread siad agus scairt siad
agus scread siad leo
ag dréim leis an ghiorria bheo
a fheiceáil ag teitheadh.
D'fhan siad mar a bhí siad ag fanacht, ag feitheamh.

Agus tharraing an chailleach ar an scéalaíocht
chun í féin a cheansú.
Lean den aithris chiúin
chun í féin a shuaimhniú:

'A mhaide bhriste, scaoil isteach muid.'
'Is doiligh domh agus mo cheann sáite sa tine.'
'A uisce na gcos, scaoil isteach muid.'
'Is doiligh domh agus mé doirte amach faoin doras.'
'A phota mhóir, scaoil isteach muid.'
'Is doiligh domh agus mé béal faoi ar an urlár.'
'A stól na dtí cos, scaoil isteach muid.'
'Is doiligh domh agus tóin na caillí duibhe, críonna suite sa mhullach orm.'

Lig an chailleach gáire mór ard amach aisti
agus í ina suí
ar a stól trí
chos.

'A Chailligh, scaoil isteach muid!'

'Óch, is doiligh domh,' ar sise,
'agus an aois ina luí go trom orm.'

Thoisigh an cat istigh ag casachtach
go dian, go dásachtach.

Na madaidh amuigh gan mhúineadh
ag socrú, ag ciúiniú
ar Lá na Bealtaine Buí.

D'fhan siad cois tine, cailleach agus cat dubh,
ise faoina ceirteacha, eisean faoina fhionnadh thiubh.
Shuigh siad ansin go tostach, slachtmhar
ag fanacht ar an dream neamhreachtmhar
gur bhris siad isteach go troistneach, cnagarnach,
d'amharc thart orthu go maslach, bagartha
gur léir daofa an tseanchailleach chríonna, chráite,
í marbh tuirseach fán tine smolchaite.

D'amharc siad thart don ghiorria go gruama.
D'fhan sise gan bhogadh go stuacach, stuama.

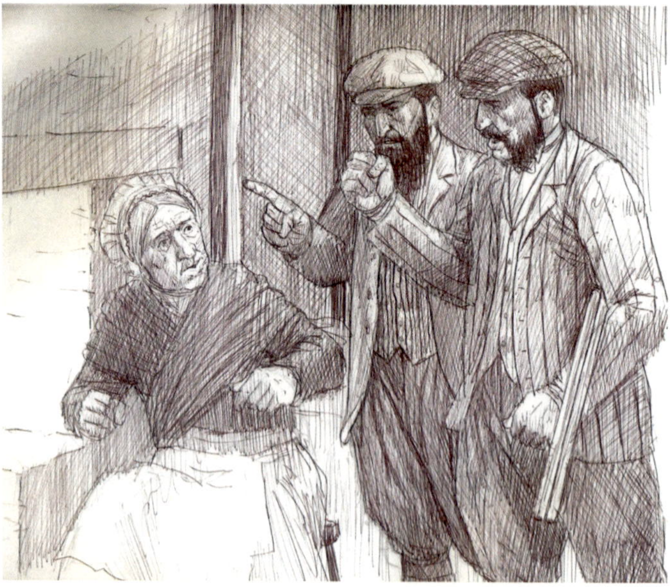

Sheas siad, gan chuimhneamh, os a comhair
gur iomaí lá a shuigh siad léi ag sileadh na ndeor.
Ach d'aithin sise uilig iad.
Chuidigh sí leofa uilig:

An falsóir, an gleidire, an bobaire, an dradaire,
an breallaire, an mursaire, an radaire, an bladaire,
an gliogaire, an glibire, an stollaire, an clabaire,
an spágaire, an stocaire, an pótaire, an grágaire,
an rógaire, an t-alpaire, an diúgaire, an pacaire,
agus, ar ndóigh, an drúiseoir.

D'aithin sí an t-iomlán acu idir chraiceann agus chnámha,
a ndrandail, a bpusanna, a másaí, a lámha.
Bhí siad ar fad aici ag tabhairt na gcos leo chun tí,
iomlán muiníne, iomlán misnigh
aisti
mar chailleach.

Agus d'aithin sí fear an ghunna a thriail í a mharú
é bómanta, searbh, gáirsiúil agus garbh.
Stánaigh sé uirthi le faitíos agus le fuath,
d'iarr margadh na bpáistí uirthi lena chuid súl –
'Lig domh agus ligfidh mise duit.'

Bíonn i dtólamh i measc achan phobail
fear adhairce, crúb agus rubaill.

Agus bhí a fhios ag lucht na seilge
go raibh eascaíní ag an chailleach
a bhrisfeadh toibreacha,
a scoiltfeadh creaga.
Agus bhí a fhios ag lucht na seilge
gur aithin sí iad siúd
idir a rubaill, a gcleiteacha
agus a gclúmh.

'An bhfaca tú an giorria'
arsa an ceannaire go gránna,
go giorraisc, go géar,
go dolba, dána.
Thoisigh cuid de na fir ag scairtigh
ag iarraidh an ceannaire a ardú,
a ghríosú, a mhisniú, a thógáil, a fhearadh.

Beagán tairbhe agus mórán calláin –
seanphort suarach a chleachtann brealláin.

Fir thoirtiúla, chnapánacha, chiflíneacha, chealgacha,
fir bhréagacha, bhobailíneacha, chabógacha, ghioblacha.
D'fhan an chailleach ina tost go mánla, maorga
os comhair na ngabhar craosach faoi chraiceann caorach.

Tharraing siad isteach ar an bhean
ar a ndearnadh fealltacht
ach, go tobann, tháinig orthu uamhan
agus alltacht
nuair a thoisigh sise ar chantóireacht chiúin,
ar thiúin:

'Bíodh do phréataí bruite,
do chosa nite,
do phort seinnte
roimh uair na meánoíche deirge.'

Thuig na fir go raibh an chailleach ag monabhar
go dúthrachtach, go dian, go cúramach, go fonnmhar.
Bhog siad, na cladhairí seo,
go gasta, giodamach.
Bhog siad, na cladhairí seo,
go ciotógach, go ciotrainneach.

Chrith siad idir chabhail is fhiacla is chosa,
idir chorrógaí is scorrógaí is ordógaí is bhosa.
Mheath siad agus scanraigh said.
Sceonaigh siad agus bhánaigh siad.

Agus ba léir daofa an fhuil ag sileadh as a súil
san áit ar bhuail
an piléar
an giorria.

*Agus bhí a fhios acu go maith sular fhág siad, seo fir na seilge a bhfuil mé ag trácht orthu anois, bhí a fhios acu go maith sular fhág siad teach na caillí, sula mbeadh trí lá agus trí oíche istigh go mbeadh duine acu féin ag ithe na cré, ag cac ghaineamh na reilige mar gheall ar an tseilg, mar gheall ar an tóir, mar gheall ar an ionsaí. Thóg siad a gcosa agus d'imigh de ruathar, de rúid.*

D'éalaigh siad leo faoi imní, faoi bhuairt.
I ndiaidh an iomláin ba ghairid a gcuairt.

Phlab an doras ina ndiaidh mar a bheadh pléascadh toirní agus chroith teach seascair na caillí.

Shuigh sí ansin chomh geal le púca
a caithréim bainte go buaite, buacach.

Agus fhad is a bheas féar ag fás agus uisce ag rith
beidh iomrá ar Scéal an Ghiorria agus na Caillí ...
ar an Bhealtaine, ar an Bhealtaine,
ar an Bhealtaine Bhuí.
Óch mo Bhealtaine, mo Bhealtaine,
mo Bhealtaine, a chroí.

## Faoin an Údar

Tá Eithne Ní Ghallchobhair ina heagarthóir cúnta ar Fhoclóir na Gaeilge, Acadamh Ríoga na hÉireann le blianta beaga anuas. Scéalaí agus scríobhaí atá inti agus tá duaiseanna Oireachtais agus eile buaite aici sa dá cheird.